AF339964

LA QUESTION ALGÉRIENNE

A VOL D'OISEAU

PAR

ARTHUR BALLUE

———

MARSEILLE

IMPRIMERIE COMMERCIALE J. DOUCET
10, RUE VENTURE, 10.

—

1869.

LA QUESTION ALGÉRIENNE

La session qui doit s'ouvrir le 18 Janvier sera fort courte , prétend-on. Quoiqu'il en soit , la QUESTION ALGÉRIENNE sera nécessairement posée devant le Corps législatif, avec son cortége habituel d'affirmations d'une part, de dénégations de l'autre, contradictions qui, jusqu'à ce jour , n'ont point fait jaillir de clartés bien vives ni donné de solution pratique.

Nous allons essayer d'indiquer, en quelques pages, quelle est l'organisation actuelle de l'Algérie, quels en sont les vices et de quelles améliorations elle serait susceptible, même en acceptant les principes exagérés de centralisation qui sont, en France, une triste conséquence de notre pénurie en fait de libertés politiques.

La question est grave, elle intéresse au plus haut point l'avenir de la France.

En effet, par sa proximité de la mère patrie (1),

---

(1) Lorsque le grand réseau des chemins de fer espagnols sera terminé, un service de bateaux à vapeur transportera les passagers de Carthagène à Oran, en dix heures. Les traversées les plus courtes sont aujourd'hui de 48 heures.

Le chemin de fer d'Oran à Alger est déjà exploité sur une longueur de 80 kilomètres.

par son immense développement de côtes, offrant des refuges nombreux et sûrs à nos flottes de guerre et aux navires marchands, par l'admirable fécondité du sol, par la salubrité relative de son climat, qui n'expose pas l'européen aux dures épreuves qu'il rencontre aux Antilles, à la Guyanne et aux Indes, l'Algérie est une des colonies les plus enviables et les *plus enviées* qu'il soit donné à une puissance européenne de posséder.

Les Français seuls semblent ne pas en apprécier tous les avantages.

De plus, il faut envisager l'accroissement quelle atteindra le jour où la France, plus soucieuse de ses véritables intérêts. au lieu de gaspiller des millions et d'user ses forces dans des expéditions insensées, portera son activité sur les points où les conquêtes sont possibles, véritablement utiles, et, je dirai plus, incontestablement justes.

Nos possessions du Nord de l'Afrique, ont pour limites: à l'Ouest, le Maroc, à l'Est, Tunis, Tripoli et l'Egypte; l'Egypte, qui va devenir la grande route des Indes!

Au Sud, il y a le désert, l'inconnu ! La science a-t-elle dit son dernier mot ? Cet aride Sahara, jeté comme un voile immense sur les mystérieuses contrées de l'Afrique Centrale, sera-t-il toujours impénétrable ? Nous croyons fermement le contraire, mais restons dans le domaine du certain et du positif.

L'Empire du Maroc, les régences et l'Egypte,

courbent le front sous la dure loi de l'Islam. Chez ces nations, une telle organisation politique et religieuse a produit l'immobilité, elle amènera fatalement la mort. Si, au milieu d'elles, s'établit, se condense et se développe une population active, énergique, riche, parce qu'elle aura le travail pour loi, forte, parce qu'elle aura la liberté pour soutien, est-il bien difficile de prévoir quelle conséquence naîtra rigoureusement, légitimement de cette situation, de ce rapprochement, de ce contact ?

Nous n'insisterons pas davantage sur ce sujet développé d'une façon remarquable par M. Prévost-Paradol, dans la *France Nouvelle*, et nous croyons en avoir dit assez, pour prouver que l'Algérie est digne des constantes préoccupations des esprits sérieux.

L'avenir étant indiqué, il y a lieu d'examiner ce qu'est le présent.

Nous parlerons sans passions, sans esprit de parti, des hommes et des choses ; nous n'avons qu'un but : apporter un peu de lumière dans cette obscurité.

Inutile d'ajouter que nous n'avons pas la prétention de faire autre chose qu'une esquisse rapide et légère ; les éléments multiples et complexes qui se rattachent à la Question Algérienne, nécessiteraient plusieurs volumes s'il fallait en faire une étude complète et approfondie.

—

DU GOUVERNEUR GÉNÉRAL

Le gouverneur général centralise toutes les administrations civiles et militaires de la Colonie ;

il est armé de tous les pouvoirs, politiques, administratifs et militaires; le seul Ministre dont il relève est le Ministre de la guerre.

On a donc raison en disant que l'Algérie est exclusivement soumise au régime militaire.

On s'en plaint, voyons si on a tort.

Nous évitons toujours avec le plus grand soin de faire intervenir les personnes dans les discussions de principes; nous sommes donc très-heureux de pouvoir tout d'abord dégager de ce débat la personnalité de M. le Maréchal de Mac-Mahon, en rendant, avec la France entière, un éclatant hommage à ses brillantes qualités militaires, et en reconnaissant, avec tous ceux qui ont vécu en Algérie, que son *honnêteté* comme administrateur, est à l'abri de tout soupçon; — et nous sommes de ceux qui pensent que ce n'est point une qualité banale.

Ces réserves faites, et très sincèrement, en ce qui concerne l'homme, jugeons maintenant le gouverneur général.

M. le maréchal de Mac-Mahon, exposant devant le Sénat la situation de l'Algérie, a fait de son administration le plus complet éloge. Or, comme tout aboutit hiérarchiquement au gouverneur général, comme rien ne se fait sans son ordre ou tout au moins sans son assentiment, comme aucune réclamation ne peut se produire s'il ne le permet pas, comme, en un mot, il est seul responsable, puisqu'aucun contrôle ne vient paralyser son action, aucune autorité (en Algérie, du moins) contrebalancer la sienne, nous avons assisté au singulier spectacle d'un homme se décernant à lui-même des louanges sans réserves ni restrictions.

Et, puisqu'il s'agit ici d'administration militaire, prenons un exemple qui fera mieux sentir ce qu'il y a . . . . , . . d'anormal dans un tel ordre de choses.

Dans un régiment, les moindres détails sont réglementés de la façon la plus minutieuse. Tout est prévu et clairement défini. Pas un centime ne peut s'égarer sans que vingt pièces probantes en fassent foi et obligent à le retrouver; les réclamations toujours permises rendent toute fraude impossible. Et cependant, chaque trimestre, un double contrôle *indépendant de toute hiérarchie régimentaire,* s'exerce et sur l'administration et sur le commandement. Cette manière de procéder est tellement conforme à la justice et à la raison, qu'on ne pourrait prendre au sérieux le chef de Corps qui songerait à s'en affranchir. Eh bien! lecteur, si nous passons du petit au grand, du simple au composé, M. le gouverneur est un colonel, son régiment c'est l'Algérie; régiment sans contrôle, sans revues trimestrielles, régi par un chaos de réglements incomplets, souvent mal compris, plus souvent encore mal interprétés.

Parmi ses administrés figurent les Arabes qui, loin de connaître leurs droits, habitués de longue-main aux exactions des Turcs nos prédécesseurs, sont toujours disposés à s'incliner devant la force, en attendant le jour de la révolte, de la vengeance.

Et ce colonel interrogé par le pays, répond, avec une entière bonne foi, que tout est pour le mieux dans le meilleur des régiments possibles ! Si une voix discordante se fait entendre (*un journal de l'op-position*), il lui impose silence, la supprime au besoin, grâce à la loi de 1852 sur la presse, qui a été exceptionnellement maintenue en Algérie, loi que M. Rouher a qualifiée d'arbitraire devant ce même Sénat qui applaudit et approuve M. le Maréchal de Mac-Mahon.

M. le gouverneur général s'irrite du concert unanime de récriminations de la presse Algérienne, il est persuadé qu'on le calomnie. Oh ! sans doute, ses intentions sont excellentes, mais cela ne suffit pas. Bien que de nos jours la doctrine de l'infaillibilité ait fait d'immenses progrès, et que le nombre de ceux qui la revendiquent en déclarant «qu'il n'y a pas eu de fautes commises » augmente dans des proportions effrayantes, le vulgaire bon sens, et plus encore une cruelle expérience , lui ont donné d'énergiques démentis.

L'Administration, en Algérie, a dû reconnaître que la colonie venait de traverser une phase doulou-reuse et pénible, puisque, par deux fois, elle en a été réduite à demander des secours pécuniaires au corps législatif. Mais, nous ne sommes pas coupables, s'est-elle empressée d'ajouter, la faute en est à la révolte du *Marabout,* à la sécheresse et aux sauterelles !.

Rendons justice même aux sauterelles !

Si deux cent mille Arabes (*je prends un chiffre modeste*) sont morts de faim pendant l'hiver de 1867 à 1868, si les grandes villes ont été assaillies par des hordes hideuses de misère et de saleté, infectant les lieux où elles passaient du typhus et du choléra;

si les colons ont dû, pendant trois mois au moins, s'imposer de lourds sacrifices pour recueillir, loger et nourrir ces bandes affamées; si les assassinats et les vols se sont multipliés d'une façon incroyable; si même des cas d'anthropophagie se sont présentés ; si les grains envoyés par la France ont été consommés de suite au lieu de servir à ensemencer les deux tiers des terres arables laissées en friche ; si la presque totalité des Arabes indigents a refusé de travailler sur les quelques chantiers établis en différents points du pays; si les *silos,* qui formaient la réserve de grains des indigènes étaient vides depuis plusieurs années; si les nomades des territoires militaires se sont trouvés sans un grain d'orge ni de blé, alors que leurs corréligionnaires employés comme *Khammés,* par les colons, ont pu se suffire à eux-mêmes ; si enfin la *Société Algérienne* hésite à construire des barrages (*source certaine d'abondance et de richesse*) parce que les terres irrigables sont laissées aux Arabes qui ne les cultivent pas, au lieu d'être concédées ou vendues aux colons, faut-il accuser seulement les sauterelles?

Non, et vous le savez bien !

Sans doute, notre pauvre colonie a été frappée de fléaux capables de déjouer toute prévoyance humaine, et qui devaient fatalement entraîner des désastres; mais le propre d'une bonne administration est d'être en mesure de parer promptement à toutes les éventualités, d'avoir sous la main, en tous temps, des ressources suffisantes pour remédier aux catastrophes imprévues. Si la cause du mal échappe nécessairement à son action, elle doit être toujours prête à en atténuer les effets; or ces effets *ont atteint leur maximum,* et, ce que nous pardonnons le moins à l'administration, c'est d'avoir cherché à nous le cacher. Il y aurait eu plus de dignité, plus de grandeur, plus de véritable patriotisme à dire toute la vérité au pays, ce qui lui eut permis de prendre des mesures efficaces pour sauvegarder l'avenir! Il y a deux mois, cent colons, *cent* entendez-vous, ont quitté la province d'Oran pour aller s'établir au Brésil! Nous le demandons à quiconque est encore sensible à l'honneur du nom Français, peut-on voir un pareil fait se produire, sans que la rougeur vous monte au front ?

Qui donc croit sérieusement aujourd'hui que la vérité ne finit pas par se faire jour?

Le gouvernement général disait à la presse: vous nous calomniez! quand, tout à coup, un des siens, un prélat, se permet impunément de publier ces renseignements laissés dans l'ombre, et il les accompagne des commentaires les plus . . . . désobligeants pour les bureaux Arabes. Certes, nous ne nous sommes pas laissés tromper sur les motifs qui ont dicté la lettre de M. Lavigerie à M. le Maréchal de Mac-Mahon, et nous avons même trouvé fort naïfs les journaux Algériens qui ont songé à faire de l'éminent archevêque le porte-drapeau de l'opposition libérale. Nous savons ce que veut, en Afrique comme en France, le clergé catholique; nous savons de quelles faveurs il a été et il est encore l'objet; nous savons qu'il possède de splendides concessions et dirige presque toutes les maisons d'éducation ; nous savons qu'on a dépensé à bâtir des Églises un argent qui eût été beaucoup mieux employé à élever des barrages ou à tracer des routes; nous savons enfin que M. Lavigerie s'est surtout irrité de ce qu'on ne lui permettait point de *mortariser* les jeunes Arabes confiés à ses soins; mais enfin la vérité se faisait entendre par un organe que l'administration respecte et veut faire respecter.

Et nous nous en sommes réjouis, d'abord parce que nous aimons toujours à entendre la vérité, ensuite parce qu'il nous plaisait de voir flageller nos adversaires politiques par ceux-là mêmes auxquels ils accordent, en toutes circonstances, protection, honneurs et privilèges.

En résumé, la situation faite au gouverneur général est mauvaise sous tous les rapports.

En principe, parce qu'elle laisse entre les mains d'un seul homme des attributions trop nombreuses pour qu'il les remplisse convenablement, quelles que soient d'ailleurs ses facultés intellectuelles ;

Parce que, cette omnipotence, cette autorité sans contrôle et sans frein constitue un danger permanent, quelles que soient les qualités morales départies à celui qui en est armé.

Elle est mauvaise en fait *parce qu'il a été prouvé que « de nombreuses fautes ont été commises »* parce que des sacrifices énormes ont été nécessaires pour les réparer, parce quelles peuvent se reproduire, parce qu'enfin le passé nous donne le droit de douter de l'avenir.

Il nous reste à étudier le rôle joué en Algérie par les bureaux arabes, les colons et les indigènes, mais nous pouvons, dès à présent, poser cette conclusion que, sans sortir du terrain de la légalité et de la constitution, il est facile de modifier une organisation réprouvée par la raison, condamnée par l'expérience, et que, de toutes les solutions à donner à la Question Algérienne, la plus mauvaise serait de maintenir le *statu quo*.

—

DES BUREAUX ARABES.

Le « procès Doineau » et la catastrophe plus récente de *Dra-el-Mizan* ont jeté dans le public les germes d'une profonde et incurable méfiance à l'égard des bureaux arabes. Non-seulement l'institution a été condamnée à *priori*, mais l'honorabilité même des officiers qui s'y rattachent à différents titres a été presque toujours mise en doute, et cela, injustement, hâtons-nous de le dire.

Afin de pouvoir rendre à chacun la justice qui lui est due, nous expliquerons, en quelques mots, l'origine des bureaux arabes, nous dirons quelle est leur mission.

Lorsque *Abd-el-Kader*, pour nous chasser d'Algérie, fut parvenu à force d'audace, d'activité et de génie à réunir sous son étendard des tribus indépendantes autrefois, le plus souvent même hostiles les unes aux autres, il dut, comme tous les pouvoirs centralisateurs, établir une hiérarchie fortement constituée qui transmît et fît exécuter ses ordres aux *douars* les plus éloignés et les moins dévoués comme à ses partisans les plus ardents et les plus immédiats. Il lui fallut déployer une indomptable énergie, une inébranlable volonté pour donner de l'unité et de la cohésion à des éléments hétérogènes qu'aucun lien politique n'avait jamais relié entre eux, et que divisaient, au contraire, des haines séculaires à peine éteintes aujourd'hui.

Il put croire un instant que le succès allait couronner tant d'efforts. C'est alors que nous comprîmes la nécessité d'employer des armes analogues pour combattre un ennemi qui, par son extrême mobilité et la division intelligente de ses forces, échappait sans cesse à nos grosses colonnes, maltraitait nos petits détachements, massacrait nos traînards, pillait nos convois, empêchait le ravitaillement de nos postes, et nous usait en détail. Il fallait trouver un secours, un appui, dans l'élément indigène lui-même, et ne pas craindre d'imiter les Turcs en réorganisant les *Makhzen*.

(Ouvrons une parenthèse. On appelait *Makhzen* des tribus arabes, qui, moyennant exemption, ou tout au moins réduction fort importante d'impôts, se chargeaient de faire la police des Turcs, ce qui permettait aux *Beys* d'entretenir très peu de troupes, et, en simplifiant leur administration, dégageait d'autant leur responsabilité. — On voit que les Turcs ont du bon sous le rapport de l'intelligence pratique de l'administration. Malheureusement, ils avaient adopté la célèbre devise des Jésuites ;

« qui veut la fin, veut les moyens, » et nous verrons plus tard que les moyens laissaient tant soit peu à désirer au point de vue de la justice et d'une saine économie politique.)

Naturellement, les tribus insoumises ou hostiles à la domination Turque, détestaient les *Makhzen* et recherchaient toutes les occasions de se venger d'eux. Le gouvernement Turc, renversé par nous, ne pouvant plus protéger les *Makhzen*, ceux-ci n'avaient d'autre ressource, pour échapper aux représailles de leurs coréligionnaires, que de se jeter dans nos bras.

Après avoir fait la faute de les repousser, nous songeâmes enfin à nous en servir, en les plaçant sous le commandement direct et spécial d'officiers français. De plus, quand une tribu battue par nous comprenait que son intérêt du moment ne lui permettait plus de témoigner à *Abd-el-Kader* qu'une stérile sympathie et demandait l'*aman*, il était urgent de la rattacher définitivement à notre cause, en se montrant indulgent à son égard, et surtout, en ne la laissant pas exposée à la vengeance toujours terrible du *Marabout*. Mais en échange de cette protection que nous nous engagions à lui donner, en échange de la vie et de la liberté laissées à ceux qui venaient de nous combattre, en échange de leurs propriétés, de leur religion que nous respections, nous exigions des secours en argent et en hommes.

Comme *Abd-el-Kader*, nous donnions l'investiture aux chefs indigènes, *aghas*, *caïds* ou *cheiks* qui allaient devenir les intermédiaires de notre autorité auprès des Arabes ralliés à notre drapeau.

Enfin, pour surveiller la rentrée de l'impôt et commander les *goums*, il fallait encore des officiers français : le bureau arabe fut créé.

Au milieu des incessantes péripéties d'une lutte acharnée, les officiers de bureau arabe, tour à tour chefs politiques, administrateurs et commandants militaires, obligés de faire sentir vigoureusement leur autorité à des populations vouées surtout au culte de la force, furent souvent dans la nécessité d'administrer d'une façon un peu sommaire, un peu.... Turque. Mais, en somme, ils rendirent d'immenses services, et, c'est parmi eux que se forma cette brillante pléiade de jeunes généraux dont la France était justement fière.

Hélas ! le soleil de juin 1848 en a vu tomber plusieurs dans les rues de Paris ; d'autres, et des plus distingués par l'intelligence et le cœur, vivent à l'écart et dans l'oubli depuis que, par une froide matinée de Décembre, ils ont refusé de croire aux missions providentielles.

Aujourd'hui, on l'a dit avec raison, la période de luttes sérieuses et de conquête est terminée ; il y a donc lieu de modérer, de régulariser et de *contrôler* l'action des bureaux arabes.

Ces bureaux, divisés en plusieurs classes, suivant leur importance, et comportant un nombre variable d'officiers, agissent sous l'impulsion directrice des généraux commandant les provinces, et par l'intermédiaire des commandants de subdivisions et de cercles.

Répartir l'impôt, donner aide et protection à ceux qui sont chargés de le percevoir ; dresser les procès-verbaux d'information pour les causes déférées aux conseils de guerre, exercer dans les autres cas une véritable juridiction du premier degré ; diriger les travaux de délimitation nécessités par le sénatus-consulte de 1863, enregistrer les revendications et contre-revendications auxquelles donne lieu l'opération précitée ; commander les *goums* ; fournir aux chefs des colonnes expéditionnaires les renseignements politiques, topographiques et statistiques dont ils ont besoin ; surveiller les chefs indigènes placés sous leurs ordres : tel est le résumé succinct de leurs attributions actuelles.

On le voit, le métier de chef de bureau arabe n'est point une sinécure. On comprend également que son influence sur les indigènes soit sans limites.

Les abus sont-ils possibles ? En existe-t-il réellement !

Telles sont les deux questions auxquelles nous allons répondre avec une sécheresse, mais aussi, avec une rigueur toute géométrique.

1° Nous affirmons que les abus sont possibles.

En effet, en admettant même que les commandants de subdivisions, surveillants directs, immédiats et *uniques* des bureaux arabes (1) soient d'une

---

(1) Je ne parle pas des commandants supérieurs dont l'action s'identifie complètement avec celle des bureaux arabes, surtout depuis la dernière organisation.

intégrité parfaite et constante, en les supposant animés d'un zèle infatigable pour surveiller dans leurs moindres détails les opérations de leurs subordonnés, nous prouverons qu'ils peuvent être trompés , mais nous commençons par les déclarer incompétents.

Est-ce que la première condition d'un contrôle sérieux n'est pas l'indépendance absolue de celui qui l'exerce? Ne faut-il pas le dégager des liens que crée toujours la réciprocité des services rendus, la communauté des intérêts et la solidarité dans la responsabilité?

Est-ce que, en matière de finances surtout, la comptabilité en partie double n'est pas la condition *sine quâ non* de toute vérification?

Est-ce que, dans l'armée, les intendants appartiennent à un degré quelconque de la hiérarchie régimentaire?

Est-ce que les inspecteurs des finances ne sont pas choisis en dehors des comptables dépositaires de l'argent des contribuables?

(Ici, j'éprouve l'irrésistible besoin d'ouvrir encore une parenthèse, pendant que j'en suis à retracer les caractères essentiels d'un contrôle efficace, pour dire que MM. les chambellans, écuyers, etc., de l'Empereur et de l'Impératrice ne me paraissent pas aptes à remplir le mandat de député. Qui dit député, dit contrôleur des membres responsables du gouvernement, et la Constitution nous apprend que l'Empereur *seul* est responsable. Si nous venions à l'oublier le *Moniteur* se chargerait encore de nous le rappeler. Or, les fonctions remplies par les chambellans ou autres auprès du souverain, doivent faire naître dans leur cœur une profonde et respectueuse sympathie pour l'homme qui a le don de charmer et de séduire même ses ennemis. De plus, les traitements inhérents à leurs charges constituent une incontestable dépendance matérielle. Dans les conditions où ils sont placés, le cœur et l'intérêt sont en jeu.

Franchement c'est trop pour un député !)

Après avoir fermé ma parenthèse, je reviens, aux bureaux arabes, et, pour ne pas m'égarer dans les abstractions, je citerai un exemple qui rendra palpable la conclusion à laquelle je désire arriver.

Mes chiffres seront pris au hazard et exagérés, car je ne veux faire aucune allusion directe.

Supposons un caïd activement surveillé par le chef du bureau arabe et obligé de porter sur l'état de répartition le chiffre exact de moutons appartenant à sa tribu ; supposons encore un chef de bureau arabe peu scrupuleux. Le caïd le sachant (ils ont un flair remarquable), lui tiendra à peu près ce langage : « Seigneur, ma tribu possède 40,000 moutons, ci huit mille francs à verser au Trésor. Je n'en porterai que 20,000 sur mon état de répartition, tu l'approuveras et nous partagerons les 4,000 francs ainsi.... économisés. »

Quant l'agent des contributions ou la commission militaire se présentera pour percevoir l'impôt, on lui remettra exactement les 4,000 francs figurant au rôle de la tribu à l'article moutons ; aucune réclamation ne sera faite, nulle plainte ne s'élèvera, car le caïd aura pris d'avance, avec les propriétaires de troupeaux, des arrangements analogues à ceux qu'il aura arrêtés avec le bureau arabe.

Eh. bien ! je supplie tous les *communiqués* de France, de Navarre et d'Algérie de me dire, en l'état actuel des choses, quels moyens possède un commandant de subdivision pour déjouer une fraude de ce genre.

L'impôt a, aux yeux des arabes un caractère essentiellement religieux. Il est prescrit par le Coran comme aumône, comme redevance à Dieu (1). Le grand Seigneur ou Sultan reçoit cette aumône au nom du Très-Haut. C'est, on le voit, une espèce de *Denier de Saint Pierre* fonctionnant régulièrement. Quand nous avons renvoyé au Sultan le *Dey* qui le représentait à Alger, nous avons tout naturellement perçu l'impôt en son lieu et place.

Cet impôt est de deux sortes : le *zekkat*, taxe sur les bestiaux, se paie au printemps ; l'*achour*, taxe sur les récoltes, se paie à l'automne.

La fixation de la taxe sur le bétail est facile, elle est de tant par tête ; la difficulté ne commence que lorsqu'il s'agit de compter les têtes, et cela, non-seulement par suite des fraudes à éviter, mais aussi en raison des mœurs voyageuses des Arabes.

L'impôt sur les récoltes se décompte par *charrue* (mesure de superficie équivalent à peu près à dix hectares), et suivant la qualité des terres cotées bonnes, passables ou mauvaises.

(1) *Achour* signifie dixième, *dîme !*

Est-il besoin d'insister sur le caractère essentiellement aléatoire, arbitraire, de ces appréciations ?

Et maintenant, m'adressant à tout homme de bonne foi, je lui demande ceci : étant donnés une assiette d'impôt aussi incertaine, un mode de répartition aussi irrégulier, un contrôle forcément insuffisant, croyez-vous que les abus soient possibles?

Nous pourrions parler encore des amendes, des réquisitions, etc., mais cette première partie de la thèse que nous soutenons nous paraît suffisamment démontrée, et nous posons une nouvelle affirmation au début de notre deuxième proposition :

2° Oui il a existé des abus, oui il en existe encore.

M. Rossi, dans son *traité d'économie politique*, dit que le salaire en argent peut-être remplacé par la considération attachée à certaines fonctions. Il est, nous enseigne-t-il, des professions d'autant plus honorables qu'elles sont moins rétribuées et réciproquement.

C'est parfaitement exact en fait, cela l'était du moins, car aujourd'hui, l'estime que l'on a des gens est généralement en raison directe de leur fortune. En droit, cette théorie nous paraît discutable puisqu'elle tend à établir des catégories professionnelles, ce qui est contraire aux véritables principes de justice et d'égalité, et nous préférons, pour notre compte, ce vieil adage : « il n'y a point de sot métier, il n'y a que de sottes gens. »

Quoiqu'il en soit, l'Etat a adopté avec enthousiasme la *réciproque* de M. Rossi, et paie d'autant moins les officiers, que la carrière embrassée par eux est plus honorable et, proclamons-le hautement, dans sa pauvreté noblement supportée ; dans le sacrifice constant de son bien-être, de son libre arbitre et de sa vie, l'armée puise d'indestructibles sentiments d'honneur et de légitime orgueil !

L'officier qui entre dans les bureaux arabes offre donc au suprême degré toutes les garanties désirables de parfaite honorabilité ; il y arrive armé, cuirassé pour ainsi dire contre les tentations. Mais il n'y a pas de cuirasse sans défaut, et le pantalon rouge n'est point un talisman qui préserve de toutes les défaillances.

Non, l'homme est toujours homme, et nous avons le droit de dire que le gouvernement qui, ne voulant pas tenir compte des faiblesses humaines, expose tant d'intérêts sans prendre de garanties sérieuses, n'est ni sage ni prévoyant.

Nous ne voulons faire ni diffamation, ni insinuations, ni allusions plus ou moins transparentes, et pourtant cela nous serait facile.

Les débats relatifs à l'affaire de *Dra-el-Mizan* prouvent surabondamment que si des améliorations ont été apportées dans quelques détails d'organisation des bureaux arabes, le principe fondamental de l'institution est resté mauvais, et le grand, l'unique, l'éternel remède, en ce cas comme toujours, c'est le contrôle,

Interrogez les officiers attachés aux affaires arabes : presque tous appellent de tous leurs vœux une réforme.

La position qui leur est faite n'est-elle pas intolérable ?

Si un journal les attaque, ils n'ont pas le droit de répondre : croyez-vous que la suppression de ce journal fera taire la médisance ou la calomnie ? Quand l'archevêque d'Alger les a publiquement accusés de : « bien connaître la théorie des révoltes » qui donc a osé imposer silence à ce prélat ?

Tous les officiers qui dirigent les affaires arabes sont solidaires les uns des autres, il est mauvais de compromettre leur honorabilité, il ne faut point exposer les innocents à pâtir des fautes de ceux qui ont failli ; il faut dégager la responsabilité de *tous* en frappant sévèrement les coupables, et pour cela les soumettre *tous* à un contrôle qui puisse et sache trouver ces coupables.

Je veux citer un fait récent, justifiant, en partie, l'accusation que M. Lavigerie a eu le tort de généraliser en la formulant.

Fidèle à mon système, je ne citerai pas de noms. Les détails que je donnerai seront facilement reconnus par ceux qui, les connaissant déjà, pourraient au besoin témoigner de ma véracité ; pour le plus grand nombre j'aurai clairement montré un abus sans en désigner l'auteur.

Bien loin, au sud de l'une de nos provinces Algériennes, existe un *Ksar*, immense oasis dans le désert, entrepôt des caravanes qui vont au Soudan, point de ravitaillement pour les tribus que *Si-Hamza* a groupées sous son commandement depuis la dernière insurrection.

Je pourrais vous faire une poétique description des palmiers toujours verts qui ombragent cette oasis, opposer ses eaux fraîches aux sables brûlants qui l'entourent ; j'aime mieux vous dire tout simplement qu'il pourra être utile d'y faire reconnaître notre autorité, au double point de vue de nos intérêts militaires et commerciaux.

A cent lieues environ plus au nord, un officier supérieur français, commandant un cercle, a sous ses ordres une colonne mobile destinée à protéger notre frontière contre les insultes des maraudeurs et des bandes insoumises qui trouvent, soit dans le désert, soit au Maroc, un refuge assuré contre nos poursuites.

Pour ne pas trop alourdir ma phrase, je désignerai l'oasis par la lettre F et le poste français par la lettre G.

Donc, le commandant supérieur de G··· rêvait à la gloire qu'il pourrait acquérir s'il lui était permis d'arborer le drapeau français sur les murs de F..., mais il était enchaîné par des ordres formels.

Un jour, cependant, trompé sans doute par de faux renseignements, croyant à la possibilité d'un heureux coup de main, il se met en route avec la colonne placée sous ses ordres.

Après une marche aussi longue que pénible, il arrive enfin devant la trop séduisante oasis.

Cruelle déception! Les arabes refusent catégoriquement de laisser pénétrer les Français dans F.... Ils exigent même la restitution d'un troupeau de chèvres *razé* un peu légèrement, et, comme pour nous narguer, viennent exécuter une brillante *fantasia* à cinq cents mètres de nos tentes. Attaquer F...,

entouré d'une épaisse muraille, sans artillerie suffi-
sante pour faire brêche , lancer sur une garnison
pleine d'énergie et d'audace des troupes affaiblies
par la fatigue et les maladies, c'eut été plus qu'une
imprudence. Il fallut revenir sans avoir rien tenté,
revenir en paraissant céder à des menaces, revenir
humiliés et la rage au cœur.

Dans ce pays, où nul chemin n'est tracé, où l'on
passe brusquement des chaleurs torrides du désert
au froid rigoureux des hauts plateaux, où nulle
ressource ne peut suppléer à des approvisionnements
incomplets, où l'eau manque souvent, nos soldats
eurent à supporter de cruelles privations. Quelques-
uns succombèrent aux fatigues, d'autres se tuèrent
eux-mêmes, préférant la mort aux dures épreuves
de chaque jour. Trente cadavres français ont jalon-
né cette route où le caprice irréfléchi d'un seul
homme avait engagé nos troupes.

Chose non moins triste, le prestige du nom
Français s'est affaibli chez nos ennemis. Nous avons
reculé ! « Les *Roumi* (1) n'ont pas osé nous ttaquer »,
diront les Arabes ; qui sait ce que coûtera de sang,
dans une prochaine rencontre, cette confiance inspi-
rée aux partisans du *Marabout*, par une entreprise
téméraire et mal conduite !

Voilà donc des hommes inutilément sacrifiés, de
l'argent gaspillé, pour aboutir à un échec moral, et
cela, contrairement à des instructions bien précises.

(1) Nom sous lequel les Arabes désignent les Chrétiens

L'officier qui a cédé à cette regrettable inspiration est encore aujourd'hui commandant supérieur de G...! En serait-il ainsi, si sa conduite avait pu être jugée par des chefs indépendants de l'administration dont il relève ?

Ah! c'est que depuis le Maréchal gouverneur jusqu'au plus modeste sous-lieutenant adjoint d'un bureau Arabe, un lien mystérieux, une sorte de fraternité maçonnique, unit entre eux tous les membres de cette hiérarchie, qui appartient à l'armée, mais qui vit en dehors de ses traditions, de ses habitudes et de sa discipline.

L'avancement même, n'est pas laissé à l'appréciation des inspecteurs généraux, et c'est encore le gouverneur général que nous retrouvons seul dispensateur des faveurs, comme nous l'avons trouvé seul défenseur de cette cause.

Ainsi que cela arrive dans toute société qui n'est point soumise au droit commun, les officiers des bureaux Arabes, bien que restant pour la plupart dignes de l'uniforme qu'ils portent, contractent des allures, des habitudes, un langage, un caractère à part. A leur insu, le sens moral s'altère en eux, ils cherchent à dérober aux regards leur camarade qui a failli, ils exaltent outre mesure leurs propres succès. L'armée, dans son langage pittoresque, les a parfaitement définis d'un mot : « C'EST UNE SOCIÉTÉ D'ADMIRATION MUTUELLE. »

Faut-il donc supprimer les bureaux Arabes ? — Non, et voici ce que nous répondons aux partisans exclusifs de l'assimilation immédiate et absolue.

Où domine l'élément européen, l'assimilation complète est possible, juste et utile; elle réalise un progrès, et la suppression totale du bureau Arabe, en territoire exclusivement civil, en est la conséquence naturelle.

Où domine l'élément *Arabe*, il faut, pour surveiller les indigènes, une administration essentiellement militaire, parce qu'une répression rapide et sûre est de toute nécessité. Le bureau Arabe doit donc être conservé, mais en lui laissant des attributions purement politiques et militaires, et en confiant tout ce qui touche à l'assiette, à la répartition, à la perception de l'impôt et à l'administration de la justice, à des agents des contributions et aux tribunaux civils.

Là enfin, où les Européens sont pour ainsi dire noyés dans la population indigène, les bureaux Arabes seront maintenus avec leurs attributions actuelles.

En effet, il est dans la nature même des choses, que ces territoires militaires occupent la partie la plus méridionale de nos possessions et confinent au désert.

Suppossons qu'une tribu placée dans ces conditions refuse de payer l'impôt, le sous-Préfet requiert l'autorité militaire pour appuyer l'action de ses agents. Mais le premier point est de saisir les récalcitrants.

Les Arabes, craignant le châtiment, s'enfuiront sans rien laisser entre nos mains qui puisse servir de gage à une soumission prochaine. Hommes! femmes, enfants, disparaîtront dans l'immensité du désert avec toutes leurs richesses, leurs tentes, leurs troupeaux, sans qu'un tel déplacement gêne en rien leurs allures essentiellement nomades,

Qui guidera nos troupes dans ces courses rapides ? Ce ne sera pas le chef militaire qui n'aura pu recueillir antérieuremeut aucun des documents indispensables pour une expédition de cette nature. D'ailleurs, en pareil cas, il faut surtout prévenir la fuite et la rébellion.

Sera-ce le Sous-Préfet? — Nous n'avons pas la sottise de prétendre qu'il faille être militaire pour monter à cheval et ne pas craindre d'exposer sa poitrine aux balles, mais les gens de bonne foi conviendront qu'un tel genre de vie nécessite un apprentissage et des aptitudes peu en harmonie avec l'éducation ultra-pacifique de nos administrateurs.

Remarquons, en outre, que l'éventualité présentée par nous, ne sera point un simple accident dans la carrière administrative du fonctionnaire civil, mais constituera au contraire la normalité de son existence. Il devra, non-seulement maintenir dans l'ordre les tribus soumises, mais il aura aussi à les garantir des attaques incessantes, des *razzias* des *grands nomades* du Sahara.

Il y a, dans de telles conditions, nécessité absolue d'une liaison intime, d'une identification complète de l'action militaire et administrative, et, comme le rôle militaire prédomine, c'est le bureau Arabe qui absorbera tous les pouvoirs.

En France même, n'en est-il pas ainsi quand une place est déclarée en état de siège ?

Mais, revenant encore une fois sur ce que nous ne saurions trop répéter, il faudra que ces bureaux Arabes soient, comme les régiments, soumis au contrôle sérieux d'inspecteur généraux n'appartenant en aucune façon à l'administration des affaires Arabes.

Alors cesseront ces razzias où la fantaisie domine au préjudice du droit et de l'équité ; alors l'intérêt général ne sera plus impunément sacrifiée à des ambitions déréglées; alors les officiers, dégagés d'une responsabilité compromettante ne seront plus exposés à ces récriminations ardentes, à ces calomnies passionnées qui les atteignent tous parce qu'elles ne peuvent frapper les vrais coupables.

Les résultats de cette réforme si simple, si facile, qui ne lèse aucun intérêt se résument en deux mots : sécurité, dignité pour tous.

DES COLONS

La première fois que je fis la traversée de France en Algérie, j'avais pour voisin, à bord, un monsieur dont l'âge, l'extérieur, le costume et le langage étaient faits pour inspirer la confiance et la sympathie. Les Anglais l'auraient qualifié de *respectable ;* pour un Français, c'était un homme sérieux. Un jour, à table, je l'entendis lancer, avec un magnifique sang-froid, la phrase suivante : *Tout ce qu'il y a*

d'honnêtes gens en Algérie y est allé par terre.
Cet apophtègme original quant à la forme, peu con-
solant quant au fond, me plongea dans un abîme de
réflexions. Eh quoi ! me disais-je, la France aurait-
elle arrosé le sol de l'Afrique de son sang le plus
généreux pour y semer uniquement tous les déclas-
sés, tous les enfants perdus de notre civilisation.
L'étude de ce problème irritant, surgissant à l'im-
proviste devant moi, m'a permis de remonter aux
causes de l'antagonisme regrettable qui divise, en
Algérie, civils et militaires.

Notre chère France a tant d'attraits pour ceux
qui ont eu le bonheur d'y recevoir le jour (style de
romance), qu'on se décide difficilement à la quitter.
Pour s'y résoudre, il faut ou n'avoir rien à perdre,
ou avoir beaucoup à gagner. Les premiers colons
étaient donc presque exclusivement de grands ou de
petits spéculateurs. Le plus grand nombre suivait
l'armée avec une légère charrette chargée de provi-
sions de bouche, et initiait officiers et soldats à une
des plus délicates théories de l'économie politique :
celle de l'*offre* et de la *demande*.

Après une journée de marche dans la poussière,
sous un soleil dévorant, absinthe, vermouth et bor-
deaux étaient très-*demandés*. Ils étaient *offerts*....
à des prix exorbitants. Aussi, le pauvre officier revenant d'expédition, éreinté, avide de repos et de
bien-être, sentait-il, avec tristesse, sa bourse toujours légère, plus vide que jamais, par suite des
offres réitérées des marchands qui l'avaient suivi
sur les pentes de l'Atlas. Et, tandis qu'il s'éloignait

pour courir à de nouveaux dangers, à de nouvelles fatigues. L'AUTRE, ouvrant un petit magasin, grâce aux profits de la dernière campagne, se plongeait, avec délices, dans la calme et douce existence du citadin. *Indè iræ !* — Je n'excuse pas, j'explique. — Plus tard, voyant des arabes travailler dans un champ, il apprenait que ce terrain, conquis par lui, avait été concédé ou vendu à vil prix à quelque gros capitaliste qui l'affermait aux indigènes dépossédés. Plus que jamais : *Indè iræ !* — Le jour où ces mêmes officiers ont administré le pays, il serait fort possible qu'ils aient fait rudement sentir leur autorité à ces colons qui les avaient un peu exploités au début de la guerre et pour lesquels ils ressentaient une médiocre sympathie. — De là, irritation du civil.

Et voilà comment, par instinct plutôt que par raison, par tradition plutôt que par réflexion, sans tenir compte des modifications apportées par le temps, par la pacification du pays, par le jeu plus régulier de toutes les administrations, bureaux arabes et colons s'occupent, chacun de son côté, à grossir le dossier accusateur de leurs adversaires.

Fi ! de ces luttes mesquines, de ces rivalités dignes d'un autre âge. L'élément civil compte aujourd'hui en Algérie un grand nombre d'individualités parfaitement honorables. Depuis la conquête, une génération est née qui ne saurait être responsable, en tout cas, des fautes de ses pères. Dans les villages, on rencontre à chaque pas de ces vaillants cultivateurs, ardents au travail, sobres, honnêtes qui, en Afrique comme en France, ont droit à toute notre estime, à toute notre sympathie. Ce sont les véritables pionniers de la civilisation ; les respecter, les encourager, les protéger : tel est le seul devoir de l'administration.

Malheureusement elle semble avoir pris à tâche d'arrêter le développement de la colonisation.

Pour coloniser, il faut des terres : expliquons donc en peu de mots comment est constituée la propriété territoriale en Algérie. Mais avant tout, disons que songer à faire disparaître la race Arabe, la refouler complétement au delà du Tell, en la forçant à vivre dans les plaines arides du Sahara, serait une infamie condamnée par tous les honnêtes gens.

L'éternel honneur de la France sera d'avoir compris que la cruelle devise : *Væ victis*, n'était plus de notre temps. Et d'ailleurs, nous avons traité avec toutes ces tribus qui reconnaissent notre domination, notre parole est engagée !

En 1851, une loi fort sage assignait à chaque tribu les terrains nécessaires à la culture et au pâturage, et fixait le droit de parcours des nomades. Les arabes, ainsi *cantonnés* dans des limites déterminées par un égal respect des besoins réels des indigènes et des légitimes exigences de la France, n'avaient certes pas à se plaindre du sort qui leur était fait.

A peine si quelques modifications de détail étaient nécessaires, lorsque le sénatus-consulte de 1863 est venu tout bouleverser.

Nous ferons tous nos efforts pour rester modéré

et convenable en parlant d'une loi dont nous déplorons les désastreuses conséquences.

D'après le Coran, la terre appartient à Dieu, l'homme n'en est que l'usufruitier. Sur cette donnée, Mahomet a bâti toute une législation communiste aussi mauvaise en droit que gênante en fait.

Sous la domination turque, toujours en vertu de ce principe que le grand Seigneur représente l'autorité divine sur terre, l'Arabe n'était point propriétaire du terrain qu'il occupait. S'il cultivait un champ, le caprice d'un Bey pouvait l'en déposséder. Dans de rares circonstances, comme récompense de services exceptionnels ou à prix d'argent, l'Arabe obtenait un titre de propriété *Melk*, c'est-à-dire individuelle. On voit donc l'impossibilité de rechercher dans le passé l'origine des droits de la population indigène.

Et cependant, d'après le sénatus-consulte, toute tribu qui pourra justifier — non par des titres qui n'existent point mais par la notoriété publique — d'une *longue possession*, sera constituée propriétaire des terrains où elle avait l'habitude de planter ses tentes et de faire paître ses troupeaux. Après un délai fixé pour recevoir et examiner les réclamations qui pourraient se produire, le travail de délimitation commencera pour chaque *douar* et pour chaque tribu. Ce travail achevé et transmis au ministre de la guerre, un décret conférera à la tribu un titre définitif de propriété, l'Arabe deviendra maître « *incommutable* » du sol qui lui aura été concédé.

Qu'en pensez-vous, lecteur, voilà de la générosité !

Générosité qui ne profite point à l'indigène, et qui se fait au détriment de la colonisation !

Les habitudes nomades des Arabes sont telles qu'une tribu occupe souvent des espaces immenses, dont le dixième à peine est cultivé et suffit pourtant très largement à ses besoins.

L'Arabe, indolent et fataliste, songe peu à semer et à récolter dans un but de spéculation. D'ailleurs, les bras, les animaux et les outils feraient défaut aux tribus si elles voulaient défricher toutes les terres qu'elles possèdent.

Première conséquence du sénatus consulte : Des terrains qui, donnés ou vendus aux colons auraient pu devenir une source de richesse pour l'Algérie resteront éternellement improductifs.

Le domaine, nous dira-t-on, dispose encore d'un nombre d'hectares qui suffira largement aux besoins de la colonisation (1).

Cela ne détruit pas la conclusion que je viens de prendre, et j'ajouterai que l'élément européen représentant tout l'avenir de l'Algérie, plus vous lui ferez la part large, sans léser les indigènes, mieux cela vaudra.

Mais, continuera-t-on, les Arabes vendront les terres qu'ils ne peuvent pas cultiver. — Ici, à mon tour je pose deux objections.

---

(1) Je ne veux pas entamer une discussion au sujet du nombre d'hectares cité à la chambre par M. Rouher, c'est pour cela que je ne donne aucun chiffre.

Mon argumentation est indépendante de considérations de ce genre, mais je tiens à faire mes réserves.

1° Générosité pour générosité, il valait mieux donner ces terres aux colons, que de les mettre dans la nécessité de les acheter, en les donnant aux Arabes qui n'en avaient pas besoin;

2° Si vous teniez absolument à combler les indigènes de vos bienfaits, il fallait leur distribuer assez de grains pour ensemencer les terrains qu'ils sont en mesure de cultiver : cela les aurait peut-être empêché de mourir de faim sur leurs immenses propriétés incultes; le domaine, en vendant le surplus des terres que vous leur avez si inutilement octroyées, aurait pu rentrer dans une partie de ses déboursés.

De plus, vous connaissez, comme nous, les difficultés presque insurmontables qui empêchent les transactions entre européens et indigènes, par suite de la collectivité des droits de la famille Arabe sur la propriété territoriale. Vous les connaissez si bien que pour réparer un peu vos fautes, tous vos efforts tendent aujourd'hui à constituer la *propriété individuelle* chez les indigènes malgré le texte précis et formel du Coran.

Deuxième conséquence du sénatus consulte : Diminution des terres affectées à la colonisation, et ce au profit des indigènes qui, incapables de les cultiver, sont dans l'impossibilité de les vendre parce que leur loi religieuse ne peut s'accorder avec le code Napoléon.

Enfin, puisque le seul fléau vraiment redoutable en Afrique est la sécheresse, puisque les barrages en sont l'unique remède, n'était-il pas prudent et juste de réserver pour la colonisation tous les terrains placés dans des conditions topographiques telles qu'ils pussent recevoir les eaux que l'argent et le travail des européens devait y amener ?

La société Algérienne consent à élever des barrages, mais elle veut être sûre de vendre son eau; les colons lui inspirent plus de confiance que les indigènes.

Troisième conséquence du sénatus consulte : Choix souvent mauvais des terrains affectés au Domaine.

Passons à un autre ordre d'idées.

Tout homme qui s'expatrie y est poussé non-seulement par son esprit aventureux, mais il cède le plus souvent à un besoin d'indépendance dont lui même ne se rend pas compte.

Dans sa nouvelle patrie, ce qu'il appréciera par-dessus tout, ce sera la liberté.

Hélas ! trois fois hélas ! l'infortuné colon rencontre en Afrique mille fois plus de vexations et de servitudes qu'en France même. Aux fatigues de sa nouvelle existence viendront s'ajouter les dégoûts qu'engendre l'excès de réglementation. On lui fera perdre et son temps et son argent en démarches inutiles, en lenteurs énervantes, en chicanes processives. Enfin, grâce à l'inintelligente répartition des troupes, grâce aux abus que nous avons signalés, et qui peuvent toujours faire craindre les révoltes, le colon ne peut pas même jouir en sécurité du fruit de son travail.

Les publicistes qui ont mis leur talent ou leur plume (ce n'est pas toujours la même chose), au service de la cause « *de l'ordre* », font de magnifiques tirades sur les dangers de la liberté, et le bourgeois naïf en arrive parfois à les croire. — Je ne suis pas très libre, dit-il, c'est vrai, mais aussi le pouvoir est fort et il me protège.

Ce n'est point ici le lieu de démontrer l'absurdité de cette thèse; seulement, nous demanderons à ces mêmes publicistes s'ils trouvent également sage de sacrifier à la fois sa liberté et sa fortune, sa dignité et son repos, de tout donner, en un mot, sans rien recevoir en échange.

M. Rouher vantait dernièrement l'heureux sort des colons qui avaient des Préfets pour les administrer, des tribunaux civils pour les juger. Oui, mais des Préfets qui sont les très-humbles serviteurs des Généraux commandant les provinces; oui, mais des tribunaux sans jurys.

Si cette dérogation au droit commun a eu sa raison d'être autrefois, pourrait-on dire sur quoi elle est fondée aujourd'hui ?

Il y a deux ans on a rendu aux colons le droit d'élire les conseils múnicipaux.

Puisque vous les trouvez enfin assez vertueux, assez honorables, assez dignes pour choisir un conseiller municipal, en quoi seraient-ils moins aptes à juger leurs concitoyens, et à nommer parmi eux les défenseurs de leurs intérêts et de leurs droits devant la France.

M. le baron Jérôme David, ancien officier de bureau Arabe, était dans son rôle en faisant l'éloge de cette institution. Il a été moins heureusement inspiré lorsque, après une étude statistique plus ou moins ingénieuse, il a prouvé, chiffres en mains, que les électeurs Algériens n'étaient point assez nombreux pour avoir *constitutionnellement* le droit d'être représentés au corps légistatif.

Mais, M. Jérôme David, en France le nombre d'électeurs correspondant à une circonscription électorale n'implique qu'une question de plus ou de moins; le pays est représenté. Qu'il y ait 300 ou 600 députés à la chambre, qu'importe! Il y a discussion, il y a contrôle, il y a lumière. (J'accorde qu'en ce moment, le contrôle est indulgent et la lumière bien pâle).

Mais pour l'Algérie les chiffres auxquels vous vous en referez n'ont plus de sens. Pour elle, être directement représentée par des députés qui aient leurs intérêts en Afrique, et puissent parler en connaissance de cause : c'est « *être ou ne pas être* »; il y va de son existence.

Comment! Tout est à créer, à organiser dans ce malheureux pays; depuis trente-huit ans il se débat contre la centralisation dont vous l'écrasez; vingt systèmes administratifs successivement essayés ont échoué ; aucun progrès sérieux n'a été réalisé et vous ne comprenez pas qu'il faut enfin permettre aux idées de se produire, aux intérêts de se discuter, aux droits de s'affirmer, à toutes les questions de se poser loyalemeut, publiquement devant le pays !

Eh ! si la liberté n'existait pas, il faudrait l'inventer pour l'Algérie ! Essayez-en au moins avant de la repousser !

C'est par analogie avec la loi française que vous refusez aux colons le droit de nommer des députés; est-ce aussi par analogie que vous maintenez la presse Algérienne sous le régime de 1852 ?

Si vous faites de l'arbitraire soyez logiques au moins. — Il est vrai que les deux choses sont incompatibles, mais enfin, si vous *invoquez la loi* pour nous refuser des députés, nous pouvons, à notre tour *invoquer la loi* pour vous demander les réformes du 19 Janvier.

Et cette constitution derrière laquelle vous vous retranchez, ne permet-elle pas de modifier la loi électorale *en faveur* de l'Algérie, puisqu'elle permet de modifier la loi sur la presse *en sa défaveur ?*

Voilà pour le sénat une belle occasion de prendre sa revanche.

Allons ! vite un sénatûs consulte pour nous faire oublier celui de 1863 *!*

Les colons se plaignent et vous bâillonez la presse qui voudrait se faire l'écho de leurs souffrances et de leurs besoins; ils demandent des réformes et nul d'entre-eux ne peut être devant le pays l'interprète et le défenseur de leurs intérêts.

— Ils sont injustes, dites-vous, ou tout au moins ils se trompent. — Que la France les entende d'abord, elle les jugera ensuite !

Faites circuler l'air dans ce cahos, la lumière dans

ces ténèbres, la vie dans ce corps épuisé. Et tout cela : air, lumière et vie se concentre, se résume en une seule chose : la liberté !

Oui, en cette liberté tant calomniée, que ne sauraient flétrir les sarturnales de la rue, que la dure étreinte du despotisme est impuisante à briser, qui survit radieuse à tous les excès comme à toutes les défaillances, parce qu'elle seule fait la grandeur des nations et la dignité de l'homme.

—

DES INDIGÈNES.

Si je faisais un bon gros livre bien prétentieux au lieu d'égrener , en passant, quelques vérités , je ne laisserai pas échapper l'occasion de donner, en commençant ce chapitre, la fastidieuse nomenclature des races diverses qui ont successivement peuplé l'Afrique. Rassurez-vous , lecteur, je ne vous dirai rien des Maures, des Koulouglis , ni même des Kabyles antochtones. Ces derniers ayant des maisons à eux sont, en leur qualité de propriétaires , essentiellement conservateurs. S'ils avaient quelques velléités d'indépeandance, on saurait bien trouver un « *spectre rouge* » Africain pour les faire rentrer dans « *l'ordre.* »Non, je parlerai uniquement des Nomades, des Arabes, de ces enfants terribles qui, comme le philosophe Bias, portent toujours tout avec eux, et dont le suprême bonheur est de rêver accroupis près d'un feu de campement , les yeux fixés sur leur beau ciel étoilé, en laissant bercer leur pensée par le rythme monotone de quelque chant de guerre ou d'amour.

Voilà surtout ceux qu'il nous faut étudier et connaître, car, tout en eux, religion, mœurs, caractère, traditions, intérêts, goûts et aptitudes les sépare de nous.

— Pourrons-nous nous les assimiler ?

— Si j'étais ministre d'Etat, je répondrais : jamais ! En ma qualité de simple mortel, je n'ai pas de ces affirmations olympiennes, je crois simplement que ce sera long, difficile..... que..... Au fait, si je répondais à cette question par une autre question. —Les assimiler à qui, à quoi ? à vous lecteur, ou à moi qui vous parle ?

— Mais, ne faudrait-il pas les ramener à la vraie foi ?

— Ah ! très bien ! les convertir au catholicisme, profiter du moment où ils meurent de faim pour leur donner à la fois le pain de l'âme et la nourriture du corps, faire, en un mot, « *de la propagande par la charité* » et réaliser le programme de l'archevêque d'Alger !

—Soit, assimilons, convertissons ! et, pour commencer, voici un Arabe qui passe, il porte au cou un collier d'ambre dont chaque grain correspond à un attribut de Dieu. Arrachons à l'infidèle ce ridicule emblême et remplaçons-le par ce chapelet que le Pape a béni.

Que vois-je encore ! des versets du Coran cachés dans les replis de la corde en poil de chameau qui serre son *haik*. Quel grossier fétichisme ! Pauvre, ignorant et crédule, il est persuadé que cela suffit pour le préserver de tous les maux. Au feu ce papier ! et, pour consoler notre néophyte , plaçons sur sa poitrine cette sainte médaille à l'effigie de Marie-Immaculée : elle appellera sur lui les grâces du Très-Haut. En outre, pour guérir les souffrances de son corps, nous lui enverrons une fiole de l'eau miraculeuse de la Salette, et les effets en seront autrement puissants que ceux des amulettes vendues par un hérétiuqe imposteur.

Je voudrais passer du plaisant au sévère, mais une discussion dogmatique ne serait pas à sa place ici et pourrait m'entraîner trop loin ; je me bornerai à présenter à M. Lavigerie quelques observations respectueuses.

La France devrait attacher un intérêt sérieux à la conversion des Arabes, si le Catholicisme se conciliait mieux que l'Islamisme avec le progrès moderne. Malheureusement il n'en est rien.

-L'Eglise catholique, par sa voix la plus autorisée, condamne la liberté et flétrit la raison humaine. Un éminent prélat n'a pas craint de déclarer la science *« ennemie de Dieu, de la religion et de l'humanité ! (1) »*

Si le Coran est en désaccord sur quelques points avec nos lois, le catholicisme ne jette-t-il pas l'anathème au code Napoléon qui proclame le mariage civil NÉCESSAIRE ET SUFFISANT pour consacrer l'union des époux et constituer la famille ?

Le libre examen qui est l'essence même de la dignité humaine , qui malgré vos efforts, s'empare

____

(1) M. le cardinal Mathieu.—Discours prononcé le 6 août 1868

chaque jour plus profondément de toutes les intelligences, repousse avec un égal dédain le Syllabus et le Coran. Il sait trop comment vous interprêtez l'Evangile pour vous laisser le soin d'en propager la morale.

Sans doute, le fatalisme ést la plus dégradante des croyances, mais vous ne ferez jamais entrer dans un cerveau arabe toutes les belles théories sur la grâce qui divisent le monde chrétien ; il lui serait difficile de comprendre comment l'Eglise infaillible, après avoir condamné les Pélagiens et semi-Pélagiens au concile d'Orange, s'est montrée plus conciliante avec le libre arbitre au concile de Trente.

— Mahomet a prêché la guerre sainte !

— Je le reconnais.

Que les persécuteurs des Albigeois , que Pierre l'ermite appelant tout l'Occident aux armes , que les bourreaux de l'inquisition , que les assassins de Coligny, que les dragons de Louvois, que les héros de Mentana lui jettent la première pierre !

Et d'ailleurs, quand l'esprit humain est en possession de la conception simple de l'ABSOLU , il accepte difficilement une foi basée sur les plus insondables mystères.

Si au septième siècle, l'Islamisme a fait de rapides progrès en Afrique, c'est parce qu'il a trouvé une terre admirablement préparée par l'Unitarisme d'Arius. Songer à y implanter aujourd'hui le dogme de la Trinité, c'est tenter l'impossible.

Ainsi donc, renonçons à une assimilation religieuse qui n'est ni juste, ni utile, ni possible.

Sur ce, lecteur, je suis prêt à répondre à de nouvelles questions.

— Eh bien ! et l'assimilation politique ?

— Hum !....

— Quoi ! il ne vous paraît pas juste de briser le joug féodal qui pèse si durement sur les Arabes ?

— Si, mais il me semble singulier d'entendre appeler assimilation la suppression d'abus et de priviléges.

— Sérieusement, devons-nous, oui ou non, laisser subsister cet état de choses ?

— Distinguons. Je suis trop fils de 89 pour ne pas flétrir et condamner un ordre social qui comporte certaines autorités préétablies se prétendant d'essence divine, mais je crois aussi que c'est toujours aux causes et non aux effets du mal, qu'il faut s'attaquer pour obtenir une guérison radicale.

Or, la noblesse Arabe tire tout son prestige de sa parenté plus ou moins directe avec le rude fondateur de l'Islamisme, avec Mahomet, l'organe inspiré d'ALLAH.

Les nobles d'épée (*Djiid*) se disent descendants des compagnons du Prophète.

La noblesse religieuse se divise en deux classes distinctes : *Cheurfa* et *M'rabettsin* (1).

Les premiers rattachent leur origine à Fathma, fille de Mahomet ; les seconds ont pour ancêtres quelques saints vénérés.

______

(1) Ces noms sont plus connus sous la forme du singulier : *Chérif*, et *M'rabot* ou *Marabout*.

Parmi ces hommes , il en est qui , à différentes époques, ont joué un rôle brillant , et maintenu , grâce à leurs talents ou à leurs vertus . la prédominance de leur caste ; mais, en général, leur prestige s'appuie uniquement sur la foi aveugle, le culte exagéré des traditions et la profonde ignorance des Arabes.

Toute cette noblesse nous est sourdement hostile , il est impossible de se le dissimuler ; son influence subsistera tant que nous n'aurons pas éclairé l'esprit, développé la raison d'une race écrasée par treize siècles de domination religieuse.

Quant à l'autorité du chef de douar, il faut se reporter aux temps bibliques pour en comprendre et l'origine et la nature.

Ne portons point une main imprudente sur ces institutions tant qu'elles ne nous créeront ni embarras ni dangers sérieux ; prenons garde de fomenter de nouvelles révoltes , de nous exposer à de nouveaux sacrifices en irritant les Arabes par des réformes prématurées et trop radicales.

Si vous croyez que mes appréciations sont erronnées, rappelez-vous l'attitude de la Bretagne pendant la révolution , sachez apprécier les sentiments qui l'animent encore aujourd'hui et auxquels M. l'évêque de Vannes, dans un de ses mandements, fait une allusion pleine de finesse et de grâce. Permettez même que j'en cite un passage digne d'être inscrit en lettres d'or au Temple de Mémoire.

« *Que de* RESSOURCES *offre une population incapable*
« *comme tant d'autres, de se surfaire ! Sous les dehors*

« *d'une simplicité primitive, elle cache , sans préten-*
« *tions, un fonds riche et* D'UNE EXPLOITATION FACILE. »

Comprenez-vous pourquoi M. Eugène Veuillot , faisant, dans la *Revue catholique*, un parallèle entre la Bretagne ignorante et l'Alsace intelligente , accorde à la première toutes ses sympathies ; comprenez-vous pourquoi le clergé catholique fait une guerre incessante à l'enseignement laïque ; comprenez-vous enfin , que le seul moyen de renverser toute féodalité politique et religieuse , c'est de détruire l'ignorance et le préjugé.

Donc pas de violences inutiles , la force ne fonde rien de durable.

Mais ce que nous ne pouvons permettre , sans mentir à notre mission et à nos origines, c'est que les aghas , caïds et autres chefs , trouvent dans les indigènes un fonds d'une EXPLOITATION trop FACILE. Notre rôle consiste au contraire à faire disparaître les traditions Turques.

Un exemple pour me faire comprendre : La scène se passe avant 1830.

Un Bey, partant en guerre , demande à une tribu quelconque, outre le contigent habituel de cavaliers en armes, *cent* bêtes de somme pour transporter les vivres. Le Caïd requiert immédiatement *deux cents* chevaux ou mulets , en déclarant que la moitié des animaux requis pourra être remplacée par une contribution en argent. En suite de quoi les bêtes de somme sont dirigées sur le camp du Bey ; quant aux *douros,* ils vont moins loin, ils restent dans la poche du Caïd.

Cette manière de procéder , connue des Turcs, les laissait parfaitement indifférents. — Ne perpétuons pas cette indifférence. — Ce que nous devons faire , nous, c'est apporter dans tous nos rapports avec les Arabes une équité parfaite en exigeant de leurs chefs , nos intermédiaires , la plus scrupuleuse honnêteté.

Du reste , en faisant des réserves temporaires en ce qui concerne une modification absolue et immédiate de la constitution politique des Arabes , je n'ai point entendu parler de ces grands chefs tels que Khalifats , Bachaghas et Aghas , qui forment une aristocratie administrative de création toute moderne.

La période de pacification dans laquelle nous sommes entrés permet de faire disparaître ces titres honorifiques, ces charges grassement rétribuées, qui nous servaient à récompenser les anciens serviteurs d'Abd-El-Kader ralliés à notre cause.

Ces chefs , étrangers la plupart du temps aux tribus placées sous leurs ordres , n'ont qu'un fort médiocre prestige aux yeux des indigènes, et ne songent qu'à bien vivre aux dépens de leurs administrés.

Dans les cas , fort rares , où ils exercent une influence sérieuse, ils en profitent pour attribuer leurs exactions à l'administration française , et raviver ainsi la haine des Arabes contre nous.

Inutiles ou dangereux , tel est leur rôle ; ils ont constamment figuré dans ces procès scandaleux auxquels nous faisions allusion plus haut. L'abus exagéré qu'ils font des réquisitions et des corvées , la part d'impôt absorbée par leurs traitements ont contribué plus que les sauterelles à l'appauvrissement de la colonie et à la diminution de la matière imposable , diminution constatée, d'ailleurs , bien avant l'apparition des fléaux dont s'est plaint M. le maréchal de Mac-Mahon.

Si on supprimait leur intermédiaire, l'action de l administration serait tout aussi facile , tout aussi prompte, car ce sont des rouages inutiles et dispendieux dans la machine gouvernementale : quelque chose d'analogue à nos grands commandements.

Mais, ami lecteur, le jour où leur suppression sera décrétée, le jour où cette réforme juste , salutaire, urgente, sera accomplie , le jour où il n'y aura plus, en Afrique, de ces sinécures d'autant plus onéreuses pour le budget qu'elles ont moins de raison d'être, ce sera la France qui voudra s'assimiler à l'Algérie. — Pour moi, je m'inscris d'avance.

— Conviendrez-vous au moins que la polygamie est profondément immorale?

— Pas d'exagérations s'il vous plaît. Mahomet ne prescrit point la polygamie, il la tolère. Il est des considérations de climat, de tempérament, d'habitudes invétérées dont il lui fallut tenir compte. Mais il a eu soin de fixer un maximum de femmes (quatre, ce n'est pas trop?) que le vrai croyant ne peut dépasser; il a recommandé à l'époux DES SOINS ÉGAUX, des égards infinis pour toutes. D'ailleurs, une femme coûte fort cher à entretenir, même en Afrique, et peu d'indigènes sont assez riches pour en avoir plusieurs.

J'avoue maintenant que cette vie en commun choque nos usages.

Chez nous, quand un grand seigneur, un banquier, un négociant, est séduit par les charmes d'une... danseuse (soyons régence!) il ne la place pas sous la même tente que l'épouse légitime. Depuis qu'il n'existe plus de petites maisons, certains entre-sol sont spécialement destinés à abriter ces natures, trop ardentes pour nos climats, qui se livrent sans s'en douter, à la contrefaçon anodine du Coran. Malheureusement, le loyer des susdits entre-sol grève lourdement le budget du ménage, et le mari, qui n'a point le don d'ubiquité, s'expose à être victime de doubles infidélités. De plus, la danseuse consomme énormément de cachemires, de dentelles et de diamants; la femme Arabe file la laine de ses moutons pour confectionner des burnous à son seigneur et maître.

Je ne sais si les coutumes françaises sont plus morales que les coutumes Arabes, mais à coup sûr elles sont plus chères, et, au point de vue de la surveillance générale de ces dames, je déclare préférer le système oriental.

— Et les enfants qui naissent de ces mères différentes?

— Et ceux qui reçoivent le jour à l'entre-sol?

— Oh! la *loi de Malthus*.....

— Chut!.. les Arabes la connaissent, qu'ils ignorent au moins l'approbation que lui donne l'Académie des sciences morales et politiques.

— Alors, selon vous, il n'y a rien à réformer ?

— Si , mais chez nous d'abord. L'usure dévore les Arabes : Faisons la guerre aux juifs (ils n'appartiennent pas tous à la tribu d'Israël) ! en multipliant les établissements de crédit. Ouvrons des écoles mixtes d'où toute éxégèse religieuse sera sévèrement proscrite. Quand la raison, l'intelligence et le jugement des Arabes auront été développés par l'étude, ils comprendront en quoi consiste notre véritable supériorité. Ils nous craignent parce que nous sommes forts, ils nous respecterons parce que nous serons justes.

Sans doute ces changements ne peuvent se produire en un jour, mais il ne faut jamais douter de l'avenir quand on prend pour règle de conduite le respect de la liberté, de la justice et de la raison.

FIN.

ARTHUR BALLUE.

Marseille, 17 Janvier 1869.

Imp. J. DOUCET, rue Venture, 10.